Ob das wirklich
Liebe ist?

Ob das wirklich Liebe ist?

Lyrik und Fotografie
Petra Kristina Reiterer

Titelbild
mit freundlicher Genehmigung
von Silvia Obermayr

Bibliografische Information der Deutschen Nationalbibliothek: Die Deutsche Nationalbibliothek verzeichnet diese Publikation in der Deutschen Nationalbibliografie; detaillierte bibliografische Daten sind im Internet über dnb.dnb.de abrufbar.

© 2023 Petra Kristina Reiterer

Herstellung und Verlag:
BoD – Books on Demand, Norderstedt

ISBN: 9783741211478

*Für alle, die begriffen haben,
dass lieben wichtiger ist als geliebt werden,
dass Liebe die Essenz von allem ist
und das Leben eine ständige
Weiterentwicklung.*

Inhaltsverzeichnis

Für mich	11
Zweifel	15
Erinnerung	17
Liebe / Sex	21
Gebrauchsgegenstand?	23
Irrtum	25
Jahreszeiten	29
Eigenliebe	33
Auf der Suche	39
Scherben bringen Glück	41
Es ist so schön	43
Endlich Licht	47
Warum?	49
Erklärung	53

Du hast es nicht bemerkt	55
Ich vermiss' dich	57
Etwas Besonderes	61
Dieser Schmerz	63
Zuhören und lauschen	67
Wie sollte ich?	69
Mein Leben	71
Innenschau	75
Dein Leben	77
Freunde	81
Ich wünsche dir eine Liebe	85
Wie?	91
Komm, lach mit mir	95
Das Leben genießen	97

Für mich

Leise Musik
kein Licht
bloß eine Kerze erhellt den Raum

Wie romantisch und gefühlvoll
der Tisch gedeckt ist
- wunderschön –

Doch ich bin allein –
na und?

Darf man nicht
auch mal ganz allein
romantisch
gefühlvoll
und wunderschön sein?

Zweifel

Menschen schreiben Lieder
über sie

Menschen drehen Filme
über sie

Menschen schwärmen
von ihr

Von der großen
erfüllten
Liebe

Ich habe sie noch nicht kennen gelernt –
gibt es sie denn wirklich?

Erinnerung

Eben lese ich ein Liebesgedicht –
es ist schön
und tiefsinnig
und traurig

Früher hätte ich es
auf mich –
auf uns bezogen
und geweint

Heute lese ich es
und denke auch an dich –
aber ich weine nicht

Es macht mich nur glücklich
dass ein Gedicht
durch die Erinnerung
an dich
so viel Bedeutung bekommt

Liebe / Sex

Die meisten Menschen suchen
nach der großen Liebe
in ihrem Leben

Oftmals denken sie
sie hätten sie gefunden –
unter irgendeiner Bettdecke

Viele bleiben für immer
im selben Bett –
es tut wohl seinen Zweck

Andere gucken unter jede Decke –
probieren
erforschen
suchen weiter

Warum verwechseln so viele Menschen
Liebe mit Sex?

Vergesst doch mal
was unter der Bettdecke ist
und seht nach
was ihr in euren Herzen findet

Gebrauchsgegenstand?

Viele Männer müssen
lange darauf warten
bis ihnen ihre Freundin
ihren Körper schenkt –
womöglich, weil sie es
noch nie zuvor getan hat

Und sie warten (gern)!

Aber wehe
wenn dieses erste Mal vorüber ist –
dann glauben so manche
sie dürfen
immer
zu jeder Zeit
und sofort

Irrtum

Ich dachte, ihn zu lieben
dabei kannte ich ihn gar nicht

Doch da waren diese strahlenden Augen
die in Wahrheit
nur Kälte zeigten

Da war dieser weiche Mund
der jedoch
so hart und grob sein konnte

Da war dieses Lächeln
das wohl
nur Überheblichkeit widerspiegelte

Und ich war doch
tatsächlich verliebt
und hoffte noch lange
dass er nicht so ist

wie er ist!

Jahreszeiten

Als wir uns
im Frühling
kennen lernten
fühlte ich mich selbst wie eine Blume
die dem Himmel entgegen wächst

Als wir uns
im Sommer
näher kamen
spürte ich die Wärme der Sonne
auch tief in mir

Als wir uns
im Herbst
schon so vertraut waren
konnte ich mich nicht satt sehen
an den Farben unserer Liebe

Als wir uns
im Winter
gegenseitig wärmten
indem wir jede Faser unserer Körper
erforschten
war ich so glücklich

Als wir uns
im Frühling
„Lebewohl" sagten
erkannte ich
dass jede Pflanze eine Wurzel hat
aus der wieder neue Blumen sprießen

Nur nicht jedes Jahr

Eigenliebe

Ohne Beziehung leben
wer könnte das denn nicht
doch wollen wir das wirklich
zu lieben ist doch Pflicht

Wir Menschen sind gekommen
nicht um allein zu sein
die Seelen suchen Partner
doch oft kommt Trug und Schein

Wir wollen gerne glauben
dass es „die Eine" ist
und würde sie mal gehen
dann wäre alles trist

Denn nur mit ihr alleine
da lacht die Sonne hell
da kann man Blumen schmecken
und Schnecken laufen schnell

Doch Seelen haltet inne
und seht in euch hinein -
ihr könnt bestimmt alleine
auch richtig glücklich sein

Geht nur in eure Mitte
sucht Liebe tief im Herz
lasst sie von dort aus strahlen
vorbei ist jeder Schmerz

Und dann kommt auch die „eine"
Seele von ganz allein -
ihr strahlt in eurer Liebe
wie Kerzen heller Schein

Auf der Suche

Wenn ich mich manchmal
allein fühle
denke ich an dich
und wünsche mir
in deinen Armen zu liegen

Aber wenn du wirklich
kommen würdest
wäre es dir gegenüber nicht fair –
denn es ist mir
nicht wichtig
dass ich in DEINEN Armen liege

Ich möchte bloß
in den Armen
eines Mannes liegen
der mich wirklich liebt

Scherben bringen Glück

Es hat
beinahe zwei Jahre
gedauert
bis ich die Scherben meiner Gefühle
aufgesammelt
und zusammengesetzt habe

Und Gott sei Dank
sind sie –
bis auf ein paar Ecken und Splitter
die ich nicht wieder finden kann –
nochmals komplett
und funktionstüchtig!

Es ist so schön

Es ist so schön
an dich zu denken
dich vor mir zu sehen
oft auch weit weg
tief im Schlaf

Nicht aus Sehnsucht
nicht mit Traurigkeit
oder Bedauern –
bloß mit dieser
tiefen Dankbarkeit dafür
dass es dich gibt

Endlich Licht

Lieben
hoffen
glauben
hell durch die dunkle Nacht
Sterne in unsren Herzen
wer hätte das gedacht

Frohlockend singen Seelen
zeitlos – ohne Raum
in ihrer vollen Größe
zu erfassen kaum

Teilchen schwingen wieder
tot geglaubt schon lang
schimmernd
funkelnd
leuchtend
da ist kein Angst und Bang

Durch neue Tore gehend
in deinem Angesicht
vor Liebe hell erstrahlend
nun sind wir endlich Licht!

Warum?

Ich werde wohl nie
verstehen
wie sich zwei Menschen
die einander einmal mehr geliebt haben
als irgendetwas auf dieser Welt
wie Fremde
gegenüberstehen können

Kann ich vielleicht
auch deshalb
nicht verstehen
wieso es Kriege gibt?

Erklärung

Ich schreib dir ein Gedicht
und denk an dich

sitz hier mit ernstem Gesicht
und frage mich

wieso ich das eigentlich tu
da du es doch nie liest

ich bin schon eine dumme Kuh
doch die einzige Erklärung ist

nur heute und allein für mich
- ich liebe dich -

Du hast es nicht bemerkt

Pünktlich Anfang Frühling
bist du wieder gekommen
hast mit deinem Lächeln
meine ganze Welt
aus den Angeln gehoben
und mich
für ein paar Stunden
zum glücklichsten Menschen
der Welt gemacht

Aber du konntest nicht bleiben
denn du hattest andere
Ziele und Pläne
bist lächelnd
und ohne zu zögern
wieder von mir gegangen
und hast
durch die Mauer deines Frohsinns
gar nicht bemerkt
wie sehr
ich dich noch immer liebe

Ich vermiss' dich

Da bin ich nun erst
ein paar Stunden von dir getrennt
und schon vermisse ich dich

Ich gehe einkaufen
- ich will auch dich um deine Meinung fragen -
doch du bist nicht da
und ich vermisse dich

Ich komme heim
- ich will dir von allem, was ich gesehen
und erlebt habe, erzählen -
aber du bist nicht da
und ich vermisse dich

So gehe ich ins Bett
- es ist so leer ohne dich -
und mir wird klar:
Ich liebe dich!

Darum vermiss' ich dich

Etwas Besonderes

Wir alle kennen doch
die Geschichte
von den Austern

Gott hat sie alle
gleich erschaffen
doch einige
wollte er verändern

So legte er in diese
ein Sandkorn
und in ihnen wuchs
eine wunderschöne Perle

Gott hat auch uns Menschen
gleich erschaffen…

Dieser Schmerz

Ich werde auch diesen Tag überleben
werde auch diesen Schmerz überstehen

Ich kenne ja jenen Schmerz schon so gut
weiß, was er meiner Seele antut

Dachte, ich hätte ihn längst überwunden
hab mich schon so viele Jahre geschunden

Hab ihn versucht zu verdrängen, vergessen
hab diesen Mann ja nie wirklich besessen

Er hat mir einfach mein Herz weggenommen
hab keine Chance es zurückzubekommen

Ich lieb ihn und darf es ihm doch nicht sagen
ich kann diesen Kummer nur weiter ertragen

Aber ich muss diesen Schmerz überstehen
werd auch den nächsten Tag überleben

Zuhören und lauschen

Wir alle haben etwas in uns –
ein tiefes warmes Gefühl
ein Kribbeln in der Magengegend
eine teils leise, teils laute innere Stimme
die uns sagt
was wir tun sollten und was nicht
was richtig und was falsch
was gut und was böse ist
was unser Leben bereichert
und was schadet

Warum hören wir nur so selten auf sie?

Wie sollte ich?

Manchmal sitze ich
vor einem leeren Blatt Papier –

möchte meine Gefühle niederschreiben –
ihnen Ausdruck verleihen

Doch dann bemerke ich
dass dieses Blatt nicht genügend
Platz bietet –
es ist viel zu klein!

Und plötzlich erkenne ich
dass auch ich zu klein bin
um all das Schöne dieser Welt
wahrnehmen
aufnehmen
und verarbeiten zu können

Wie sollte das auch möglich sein
wenn schon
ein einziger Regentropfen
im Licht der Sonne funkelt
wie tausend Sterne?

Mein Leben

Der Wecker klingelt wieder viel zu laut
Was ziehe ich heute bloß an?
Sitzt mein Lidstrich wohl gerade?
Schnell noch eine Tasse Kaffee
und dann zur Arbeit

Stunden über Stunden verfliegen
Fast jeder scheint etwas zu wollen
Berichte, Besprechungen und das
alltägliche Problem mit dem Computer
Schließlich noch die Frage:
Habe ich wohl nichts vergessen?

Und dann endlich nach Hause!
Aber was koche ich heute bloß –
noch mal Spaghetti?
Auch die Wäsche ist noch zu waschen –
und ist meine Lieblingsjeans schon gebügelt?

23 Uhr – duschen, Zähne putzen
und ab ins Bett –
der Schlaf wird Ruhe bringen …

Großer Gott – und diesen Zustand
nenne ich mein LEBEN

Innenschau

Wie laut sie uns umgibt die Welt
so viel dreht sich um Mach und Geld

Der Stress ist groß, die Zeit wird knapp
der Kräftelevel sinkt bergab

Der Mensch kaum fühlt, was man ihm nimmt
so mancher meint, sein Leben stimmt

Ich halte inne, schau in mich
und sag zu meiner Seele: „Sprich!"

So komm ich an, ich bin daheim
dies ist mein Platz, hier möcht ich sein

Ich fühle weder Raum noch Zeit
es schwingt der Ton der Ewigkeit

Dein Leben

Fühlst auch du den Wunsch nach Ruhe?
Suchst du Ausgeglichenheit?
Ob zuhause, in der Arbeit
nimm dich wichtig, es ist Zeit!

Energie ist stets vorhanden
sie durchströmt dich Tag um Tag
lenk sie nur in rechte Bahnen
glücklich ist, wer das vermag!

Nutz die Kräfte, die dir inne
sie sind da tagaus, tagein
nimm sie wahr mit jedem Sinne
leb das Leben, es ist Dein!

Freunde

Auf unserem Lebensweg
gibt es viele Weggabelungen –
und es gibt Begleiter
die diesen Weg mit uns gehen

Es ist nicht immer leicht
sich für den richtigen Weg
zu entscheiden

Manchmal ist man stark genug
um genau zu überlegen
in sich zu gehen
und die Entscheidung selbst zu treffen

Oft nimmt man den Weg
der einem leichter erscheint
oder zu dem einem geraten wurde

Wenn es der richtige Weg ist
der uns weiterbringt
zu neuen uns schönen Lebenszielen
gibt es meist viele Wegbegleiter
die ihn gerne mit uns gehen

Ist es aber der falsche Weg
und man verirrt sich
oder stolpert
sollte es auch Begleiter geben
die uns wieder hoch helfen
und auf den richtigen Weg zurückführen

Solche Menschen
sind die wahren Freunde
Menschen, die nicht nur den leichten Weg
mit uns gehen
sondern uns auch
auf den steinigen Pfaden begleiten
und zu uns stehen

Ich danke euch!

Ich wünsche dir eine Liebe

Ich wünsche dir eine Liebe
die dir den Boden
unter den Füßen wegzieht
und deren Gefühle dich tragen
als seiest du schwerelos
wie eine Feder
die vom Wind getrieben
in der Sonne tanzt

Ich wünsche dir eine Liebe
in der du nie Angst haben musst –
eine Liebe, in der das Vertrauen
so groß ist
dass du dich bodenlos fallen lassen kannst
weil du weißt
dass du den Boden nie berühren wirst

Ich wünsche dir eine Liebe
die dich wärmt wie ein Feuer –
ein Feuer, das ständig genug Nahrung
bekommt
um weiter zu brennen
und sich auszuweiten
um dich immer mehr zu wärmen –
ein Feuer, in das du
deine Hände legen kannst

Ich wünsche dir eine Liebe
die dich wie ein alter Baum beschützt –
an die du dich anlehnen kannst
wenn du eine Stütze brauchst
und die dir Halt bietet
in den Stürmen des Alltags

Ich wünsche dir eine Liebe
die unendlich ist –
grenzenlos und unsterblich –
eine Liebe, die dich alles Weltliche
vergessen lässt
und dich in Höhen emporhebt
die den 7. Himmel weit übertreffen

Wie?

Stark, wie die alte Eiche
die vor meinem Fenster steht

Sanft, wie deren Blätter
die im Wind tanzen

Mitreißend, wie der Tornado
der Florida gestreift hat

Schwach, wie die feinen Äste
die er dabei mitgerissen hat

Stürmisch, wie der Wildbach
der vom Berg hinab ins Tal rauscht

Ruhig, wie das Meer
vor dem nahenden Unwetter

Vernichtend, wie dessen salzige Zungen
wenn sie alles mit in die Tiefe ziehen

Strahlend, wie die Sonne
die über den Bergkuppen aufgeht

Wärmend, wie deren Strahlen
die unsere Haut liebkosen

Wild, wie eine Löwin
die ihre Jungen verteidigt

Abhängig, wie deren Jungen
die ohne ihre Liebe verloren wären

Treu, wie ein Hund
der weiß, wohin er gehört

Pflichtbewusst, wie dessen Herrchen
das ihm ein schönes Heim bietet

Umwerfend, wie du
wenn du mit deinem Lächeln
meine Welt aus den Angeln hebst

Lebendig, wie ich
wenn ich vor Glück platzen könnte
weil du mich liebst

Komm, lach mit mir

Komm, lach mit mir
lass uns Gefühle malen

Komm, lach mit mir
lass mich dir helfen, wenn du Hilfe brauchst

Komm, lach mit mir
hör'n wir die Blumen sprechen

Komm, lach mit mir
ich hör dir zu, wenn du erzählen willst

Komm, lach mit mir
lass uns die Liebe leben

Komm, lach mit mir
geh'n wir gemeinsam Sterne zähl'n

Komm, lach mit mir
zieh dir den Schleier von den Augen

Komm, lach mit mir
lass uns die Welt in tausend Farben seh'n

Komm, lach mit mir
sei fröhlich – doch besonnen

Komm, lach mit mir
und lebe deinen Traum

Das Leben genießen

Ich möchte das Leben genießen
an jedem Tag, in jeder Stunde, in jeder Minute
meines Seins

Mich nicht einengen lassen
durch Regeln
die ich nicht selbst gemacht habe

Mich nicht beirren lassen
von Menschen
die den Sinn des Lebens nicht sehen wollen

Nein, ich möchte mich immer wieder
erfreuen können
an dem Lachen eines Kindes
an den Farben des Sommers
an dem Duft der Erde nach dem Regen

und an der Liebe
der bedingungslosen, reinen Liebe
deren wunderbarste Eigenschaft es ist
immer wieder zurückzukehren zu dem
der sie mit Freude verschenkt

Ja, ich möchte das Leben genießen
an jedem Tag, in jeder Stunde, in jeder Minute
in jedem einzelnen Augenblick
meines Seins